SONNETS POUR LAPRINCIPAUTÉ D'ORANGE

DU MÊME AUTEUR :

Rondeaux et rondels (autoédition, 2012)
Poèmes anciens (autoédition, 2012)
Haïkus et tankas (autoédition, 2012)
Ballades des quatre saisons (autoédition, 2013)
Chansons enfantines (autoédition, 2013)
Poèmes à chanter (autoédition, 2013)
Sonnets des six continents (autoédition, 2013)
Ballades satiriques (autoédition, 2014)
Poèmes à chanter II (autoédition, 2014)
Sonnets de l'Histoire de France (autoédition, 2015)
Poèmes coréens (autoédition, 2015)
Sextines de tous temps (autoédition, 2015)
Pantouns de France et d'ailleurs (autoédition, 2015)
Chants royaux d'hier et d'aujourd'hui (autoédition, 2015)
Sonnets pour une Provence mystérieuse (autoédition, 2015)
Sonnets pour un Paris mystérieux (autoédition, 2016)
Sonnets pour la ville d'Orange (autoédition,2016)
Poèmes du monde entier (autoédition, 2016)
Sonnets en assonance (autoédition, 2017
Sonnets pour les provinces de France autoédition, 2017)
Poèmes à chanter III (autoédition, 2017)
Poèmes à tout vent (autoédition, 2017)
Poèmes du monde entier II (autoédition, 2018)
Poèmes pour célébrer les fêtes (autoédition, 2018)
Poèmes à chanter Iv (autoédition, 2018)
Ballades d'aujourd'hui (autoédition, 2019)
Poèmes à chanter V (autoédition, 2019)

Michel MIAILLE

SONNETS POUR LA PRINCIPAUTÉ D'ORANGE

Michel MIAILLE, éditeur

©**Michel MIAILLE, éditeur, 2019**
michel.miaille@orange.fr
ISBN : 979-10-91164-73-3
« Le code de la propriété intellectuelle interdit les copies ou reproductions destinées à une utilisation collective. Toute représentation ou reproduction intégrale ou partielle faite par quelque procédé que ce soit, sans le consentement de l'auteur ou de ses ayant cause, est illicite et constitue une contrefaçon, aux termes des articles L.335-2 et suivants du code de la propriété intellectuelle. »

*À Son Altesse royale,
La Princesse Catherine-Amélie des Pays-Bas,
Princesse d'Orange-Nassau.
À Monsieur le maire d'Orange,
À tous les maires des communes concernées.
À tous les habitants des lieux cités.
À tous ceux qui aiment les endroits en question
Et à tous les autres, amoureux de notre belle région.*

AVANT-PROPOS

Parler de sa ville, de son passé, de sa région, des souverains qui l'ont dirigée, de ses bonheurs, de ses échecs, voilà un vaste et passionnant sujet. Quand cette ville a été, de plus, le siège d'un e principauté, voilà qui complique encore la chose. En effet, après la période romaine et celle qui a lié la ville au comté de Nice, Orange de 1173 à 1731, date de son rattachement définitif à la France, soit pendant plus de 550 ans aura été le siège d'une principauté dirigée par diverses familles : Les Baux, les Chalon-Arlay, enfin les Orange-Nassau.

De Frédéric Barberousse qui fit d'Orange une principauté en 1173 jusqu'au rattachement définitif de celle-ci à la France en 1731, plus de cinq siècles se seront écoulés. Des familles se sont succédé, des annexes ont été établies dans le Dauphiné (actuellement départements de la Drome et des Hautes-Alpes) par le système des alliances, des achats et des échanges. Certains de ces fiefs n'ont appartenu que brièvement à la principauté, d'autres sont devenus de véritables entités administratives. Vous l'aurez compris certainement, l'Histoire de la principauté n'a pas été des plus simples d'autant plus que d'autres états voisins indépendants (Papes en Avignon, Comtat Venaissin) l'entouraient.

De grands historiens locaux (Bastet, Amédée de Pontbriant, Robert Bailly, ...) se sont longuement penchés sur le sujet et nous ont fait profiter de leur érudition, de leurs connaissances et de leurs recherches. Qu'ils soient tous humblement remerciés pour le travail accompli. Pourtant il reste encore tant de choses à découvrir dans notre ancienne principauté mais faisons confiance aux générations futures.

Quant à moi, j'ai simplement voulu parler à mon tour de celle-ci mais d'une façon originale et moins scientifique, c'est-à-dire sous forme de vers plus exactement de sonnets classiques. C'est ainsi que j'ai tenté d'aborder, divers aspects tels que l'histoire (la petite), les milieux naturels, les monuments et quelques personnages. Que les puristes me pardonnent par avance : ici et là, doivent certainement se cacher quelques erreurs qui en interpelleront certains mais « les poètes » ont leur propre vision des choses, c'est ce que Yvan Audouard nommait, en Provence, « la vérité du dimanche » Mais si j'ai pu, humblement, susciter la curiosité des habitants du crû et des simples amoureux d'histoire, j'en serai ravi ; et puis, surtout, si j'ai apporté quelques minutes de rêves et d'évasion, peut-être même de bonheur, alors je n'aurais peut-être pas écrit pour rien.

Alors, Bonne lecture sur les traces de notre principauté ; les siècles passés sont toujours là et vous attendent avec bienveillance même si la vie des hommes est un peu toujours la même, même dans les principautés, n'est-ce pas ?

Michel Miaille

LIEUX

BOUCHET (Drôme)

En feuilletant sans fin le long parcours des Baux,
Les pas nous mènent vers une lointaine terre,
Une ancienne contrée et son vieux monastère
Aux pierres d'autrefois, aux aspects médiévaux.

L'Histoire a connu là de nombreux soubresauts
Dans des conflits sanglants quand le passé se terre
Tout au creux de murs lourds. Le temps fait l'inventaire
Aussi de tant de jours offerts tels des cadeaux.

Une Provence bleue offre son paysage,
Ces rochers et ce ciel que chacun dévisage,
Tel un tableau donnant un superbe cachet.

Le passé, le présent, chantent leurs mélodies
Sous le soleil d'été, ses beautés engourdies,
Dans cet ancien terroir que l'on nomme Bouchet.

CAUSANS (Vaucluse)

Les lieux sont imposants et dominent l'espace.
Quelques arbres très vieux s'allongent sous le vent.
Un château restauré nous reparle souvent
De ces siècles enfuis, des coups du temps qui passe.

L'Histoire se souvient et, sans parler loquace,
Évoque les seigneurs au passé captivant.
La chapelle, les murs s'offrent à l'arrivant
Et masque le pays de leur splendide masse.

À présent, l'air paisible, il vit, seul, debout.
Il offre son passé, ses pierres bout à bout,
À Jonquières sa ville, autre belle figure.

Un décor d'autrefois appelle les passants,
Cadeau du Moyen Age et souvenir qui dure,
Comme un livre qu'on lit, le hameau de Causans.

CHATEAUNEUF-REDORTIER (Vaucluse)

On voit des végétaux au surnom de redortes,
Un vignoble connu, des rochers éclatants,
Des cieux au bleu profond où s'est inscrit le temps,
Un soleil enchanteur, des rocs de toutes sortes.

On imagine peu les bruyantes cohortes
Des brigands d'autrefois, les Guerres de Cent ans,
Les murs d'un vieux château, détruit depuis longtemps
Où se cache l'arbuste avec ses odeurs fortes.

Aujourd'hui tout se tait, les princes sont partis ;
Un petit vent répand ses quelques chuchotis
Sur ce discret endroit, dans une autre Provence.

Si d'un lourd monument, disparu tout entier,
Il ne reste plus rien, avec regret on pense
À cet ancien fief, Chateauneuf-Redortier.

CONDORCET (Drôme)

Un ancien bois sacré recouvrait tout le lieu
Où des ruines à terre offrent un site antique.
Quelques druides gaulois exerçaient leur pratique.
L'abbaye de Cluny vint y chanter son Dieu.

Les Baux, les Caritat, en firent un enjeu
Pour d'illustres seigneurs. Un visage mythique,
En des temps agités, un homme politique,
Fera briller son nom tel un vrai demi-dieu.

Les siècles ont couru, laissant quelques murailles,
Les traces d'un château dominant les rocailles,
Un antique village à l'aspect fort discret.

Pourtant on aperçoit, au détour d'un lacet,
Un ensemble plus neuf, à l'écart des broussailles
Ce village étonnant, du nom de Condorcet.

COURTHÉZON (Vaucluse)

Le Rhône et sa vallée observent le village,
Ses remparts d'autrefois au passé fort lointain
Quand des princes locaux ont inscrit son destin
Sur un ancien terroir que le temps se partage.

Fontaines et châteaux laissent un témoignage
Des siècles fort anciens. Du site Baratin
Au quartier Saint-Laurent, l'histoire est un festin
Lorsqu'un antique endroit écrit sa propre page.

On repense soudain aux premiers habitants,
Aux différents seigneurs, aux vestiges du temps,
Quand la Principauté créait des jours épiques

Puis Courthézon revit tandis qu'un troubadour,
Raimbaut d'Orange, y tient ses longues cour d'amour,
Nous faisant partager ses mots et ses musiques.

CURNIER (Drôme)

Un antique château, ses imposantes ruines,
Dominent le pays de toute leur hauteur
Quand l'habitant voulait un côté protecteur
Face aux barbares noirs, amateurs de rapines.

Bien du princes d'Orange aux terres très voisines,
L'endroit est pour un temps le lointain spectateur
De querelles au loin. Puis le temps destructeur
Ramène le village au pied d'autres collines.

L'Eygues avec l'Ennuye y mélangent leurs eaux
Sous le froid ou le bleu, sous les cris des oiseaux,
Avec une âpreté surmontant chaque berge.

On imagine aussi l'antre d'un tavernier
Où séjourna Mandrin, dans une ancienne auberge,
Près de ce lieu paisible où s'étale Curnier.

DERBOUX (Vaucluse)

Des seigneurs différents ont occupé le site.
Mondragon fut souvent la clef de son destin,
Avec Paul de Mistral son brillant paladin
Parmi ces questions que chacun ressuscite.

La curiosité par ces temps nous incite
À visiter des murs très flous dans le lointain,
Une antique chapelle au prestige certain,
Des habitations, une histoire tacite.

On découvre à présent des lieux pour promeneur,
Le sentier, l'arbre vert, l'insecte butineur,
Des restes d'autrefois, au fil du temps plus minces.

Bien loin des jours anciens et des siècles derniers,
À l'abri du touriste et des lieux routiniers,
Le hameau de Derboux se souvient de ses princes.

GIGONDAS (Vaucluse)

Le site a vu passer le vieux monde romain,
Laissant tout comme ailleurs son étonnant prestige
Quand Bacchus n'était pas le futur Dieu prodige
Au verre étincelant au creux de chaque main.

Puis Raymond Cinq des Baux cosigne de sa main
Une gloire à venir. Une étoile s'érige
Par-delà ses remparts. Tel un enfant prodige,
L'antique Jucundaz a trouvé son chemin.

Le vin devient le roi, la vigne reste reine ;
Les deux cadeaux du ciel rendent l'âme sereine ;
Les caveaux de prestige ont remplacé les mas.

Des gens d'ici, d'ailleurs, se sont mis à connaître
Ces cépages bénis, compagnons du bien-être,
Portant haut l'étendard du nom de Gigondas.

JONQUIÈRES (Vaucluse)

Son site primitif était un marécage
Aux souvenirs épars. Des armes, des objets
Y parlent d'anciens jours. Des restes ouvragés
Ont disparu. L'humain trop souvent les saccage.

Causans et Beauregard repensent au visage
D'un prince d'autrefois. Dans ces lieux assiégés,
Les combats se sont tus ; d'innombrables sujets
N'ont laissé que leur corps dans une triste page.

L'Ouvèze se souvient de la chanson d'antan ;
Son eau sans fin redit les vieux mots d'occitan ;
Les champs ont oublié leurs antiques frontières.

À présent sont bien loin tous les anciens marais,
Les terrains d'autres temps, les bosquets guillerets,
Dans la belle cité, la ville de Jonquières.

MONTBRISON-SUR-LE-LEZ (Drôme)

Le site connait bien le massif de la Lance.
Les comtes de Lunel et ceux de Montauban,
Ont marqué ces lieux en forme de ruban.
Loin des pics éternels, la montagne s'élance.

Puis la principauté veille avec vigilance
Sur le château. Avec ardeur, avec élan,
La Vialle écrit les pages d'un roman
Quand chaque époque hésite et que son cœur balance.

Tout prêt du Dauphiné, du Comtat Venaissin,
Le village repense à son ancien destin,
Sans cliché trop voyant, sans monument notoire.

Dans la plaine plus bas, loin d'un vieux promontoire,
Sous les yeux du soleil et du ciel provençal,
Montbrison-sur-le Lez nous redit son histoire.

MONTMIRAIL (Vaucluse)

Des eaux ont oublié leurs fins cours ruisselants.
Et les sommets voisins dans une aube qui fume :
La nature s'endort dans son plus beau costume.
Vacqueyras se souvient de ses anciens élans.

Un vieux chemin aux cailloux somnolents
Vous mène vers ces lieux. Des courants que parfume
Le client d'autrefois, la sulfureuse écume,
Vous mettent en mémoire leurs antiques relents.

Bien des ans ont conçu le nouveau paysage.
Des touristes, un hôtel, refont un nouvel âge.
Voici que brille ainsi le côté novateur.

Un terroir, à présent, des vignes immortelles
Emmènent, aux beaux jours, les pas du visiteur.
Montmirail est ici, fière dans ses dentelles.

MONTRÉAL LES SOURCES (Drôme)

L'eau gicle du Coucou, de la Serre-Chapeau,
Comme des suintements, comme autant de fontaines,
Buisseron, le Poët, d'origines lointaines.
S'unissent tous ensemble au fond d'un frais berceau.

Des soldats romains, un castrum, tel un grand vaisseau
Ont inscrit une trace aux marques incertaines.
D'anciens princes d'Orange en recherche d'antennes
En des temps oubliés y marquèrent leur sceau.

Chaque nuit, chaque jour, écoutez les musiques,
Ces chants de la nature aux bruissements magiques
Que nous refait l'hiver, que rechante l'été.

Au bout de ce chemin où s'achèvent les courses,
Voici l'autre pays. Sous sa verte clarté,
Admirez la nature à Montréal-les-Sources.

MONSÉGUR- SUR- LAUZON (Drôme)

Un patrimoine ancien, un charme naturel,
La rivière Lauzon, le ruisseau la Coronne,
Se souviennent ainsi d'un lieu que chaperonne
La végétation au parfum éternel.

Les fiers princes d'Orange au regard paternel
Et la maison des Baux y posent leur couronne,
Le temps d'un siècle ou deux. Le Clergé l'environne,
Enfin Grignan lui fait comme un ultime appel.

Quand le passé revient, porteur d'une légende
Dans ces cailloux d'antan où chante la lavande,
Un village refait son étrange chemin

Et la Principauté, telle une sœur vassale,
Garde au fond de ses yeux un vieil ami lointain,
Montségur-sur-Lauzon, en Drôme provençale.

ORANGE (Vaucluse)

Quelques princes lointains, un monde qui commence,
La famille des Baux, des seigneurs et des chefs,
Des Chalon, des Nassau, courant ses reliefs,
Ont écrit dans l'Histoire une étrange romance.

Des guerres, des conflits, des jours pleins de clémence
Puis des dieux différents, des intermèdes brefs,
Ont bousculé ses jours, ses étonnants fiefs
Et la fin qui s'en vient après un temps immense.

Le ciel s'est fait changeant, usant d'un autre éveil,
Sous la principauté. Si rien n'est plus pareil,
Un nom rechante encore une ville animée.

Voici des ans nouveaux, après divers conflits.
Un autre siècle court dessus sa renommé
Tandis qu'Orange pense à tant de jours enfuis.

ORPIERRE (Hautes-Alpes)

Voici qu'un long sentier va finir son chemin,
Draille des voyageurs qu'emprunta chaque prince.
Ce trait de liaison fut autrefois bien mince.
Le Celte le suivit puis le Gallo-romain.

Marie des Baux, Jean de Chalon, un parchemin,
Scellent un long accord. Au fond d'une province,
Un village d'antan que la montagne coince,
Une principauté, vont se donner la main.

Et dans le cœur de l'homme, une toponymie
Viendra s'inscrire sous le regard d'une amie.
Un passé partagé vous feront bon accueil.

Voici que tout à coup, en ouvrant la paupière,
Les Alpes vont sourire et vous faire un clin d'œil
Tandis que le vert court et qu'apparait Orpierre.

SAINT-BLAISE (Vaucluse)

Un vieux terroir, l'argile aux nombreux gisements,
Ont façonné l'endroit. L'ardeur toute romaine
Précède un temps barbare. Un nouveau ciel s'amène.
Avec Raymond des baux, voici d'autres moments.

Un village, un château, des renforts performants,
Une église, une enceinte, font un nouveau domaine.
Le temps, cet ennemi qui souvent nous malmène
Viendra tout rénover par d'heureux changements.

Sur ce mont éloigné, quelques hommes illustres
Ont fait briller leur nom. Depuis de nombreux lustres,
Le silence est le roi quand l'homme s'y soumet.

Dans ce discret endroit où le monde s'apaise
L'Histoire dort. En-haut d'un aimable sommet,
Voyez les murs puissants, restes du vieux Saint-Blaise.

SAINT-ANDRÉ-DE-RAMIERES (Vaucluse)

L'histoire est spécifique au cœur de cet endroit
Entre lieux enfuis, sites préhistoriques,
Moniales d'ailleurs aux surprenants cantiques
Quand la religion suit un cours pas très droit.

Une principauté, un dessein fort adroit,
Imposeront plus tard des princes, des caciques.
Un jour pourtant s'en vont les anciens temps cycliques
Quand le roi souverain se veut seul ayant-droit.

De nos jours, les seigneurs ont repris leurs distances
Et la vigne répand ses arômes intenses
Même si le lieu-dit semble assez éloigné.

En des temps très lointains, brillèrent des lumières.
L'esprit religieux, très longtemps a régné
Ici, dans ce hameau, Saint-André de -Ramières.

SUZE LA ROUSSE (Drôme)

Un rempart conservé sur de larges tronçons,
Lui qu'on nommait Barri, l'ancien chemin de ronde,
Un château tout-puissant qu'un bleu profond inonde.
Voyez le bourg debout, brillant de cent façons.

Pendant des siècles longs, les Baux, comme échansons
Choisissent la cité. Tout un monde se fonde
Avec ferveur. Bientôt, l'Église, un autre monde,
Viendront pour implanter de nouveaux écussons.

Se le rappellent-ils, ce temps des belles dames
Ou revoient-ils, plutôt, ces nombreux amalgames
Que l'Histoire se plait tant à redéfinir ?

Entre les jours de fête ou la forte secousse,
Les mois ont fuis. Ont-ils gardé le souvenir
Qu'Orange posséda ce lieu : Suze-la-Rousse ?

SUZETTE (Vaucluse)

La rude Préhistoire, avec l'Antiquité,
Ont écrit de leurs sceaux une lointaine trace
Jusqu'à ce Moyen Âge où le passé s'efface.
Raymond premier des Baux offre un nouveau traité.

Désormais, pour longtemps, le puissant invité,
Est le prince d'Orange. Une nouvelle race
Règnent parmi ces lieux. Loin du pouvoir fugace,
Deux hameaux très voisins font une autre entité.

Un accès aujourd'hui, l'allure sinueuse,
Une petite route aux accents de charmeuse
Vous mènent jusqu'ici, tel un guide divin.

Un paysage écrit sa superbe gazette.
La nature et ses monts, la vigne avec le vin,
Vous diront tous en chœur : bienvenue à Suzette.

TRESCLÉOUX (Hautes-Alpes)

L'endroit fut habité depuis la nuit des temps.
Il connut tout d'abord la sombre préhistoire.
Des peuples variés, tout un monde notoire
Ont peuplé ces endroits, ces mondes exaltants.

Des comtes, des dauphins s'en viennent entretemps
Puis le prince d'Orange, au fil de son histoire,
Pour sa principauté fabrique un territoire
Par ses possessions, tous ses biens importants.

La porte des rochers se trouve ainsi en place.
La porte des vergers tout à coup la remplace.
Le sol sait réunir les meilleurs des atouts.

On connait près d'ici, de sa voisine Orpierre,
Le village discret. Pour flatter la paupière,
Laissez votre œil courir par-dessus Trescléoux.

TULETTE (Drôme)

L'Aygues au cours fantasque étire son sillon.
On y trouve d'abord un micro-monastère.
La famille des Baux devient destinataire
De ce lieu qui grandit d'une double façon.

Saint Saturnin du Port incruste son poinçon
Et l'Orangeois accorde, en tant que dignitaire,
Une charte nouvelle, un nouveau pied-à-terre.
Les Tulettiens vont connaitre un autre son.

Les combats vont durer. Les remparts, les défenses,
Les murs en dur, le fer, les revers, les cadences,
Feront pendant longtemps leur travail harassant.

Le village, aujourd'hui, qui fut sous la houlette
Des princes et des saints, sait charmer le passant.
Le bonheur, quelque part, se trouve dans Tulette.

VILLEBOIS LES PINS (Hautes-Alpes)

Des arbres et des bois. Tout autour de la montagne.
Laux-Montaux à côté. Le col de Reychasset.
Le silence partout fait vibrer son archet.
La nature et son vert sans fin vous accompagne.

Le temps qui va s'est tu dans la verte campagne.
Un castrum tout en haut : à présent qui le sait ?
La chapelle Saint-Paul y rechante un verset.
Qui pourrait la troubler, cette vieille compagne ?

Le temps impitoyable a laissé son sentier,
Un passage d'antan, un chemin forestier,
Dans cet endroit lointain que plus rien ne dérange

Et, dans ces lieux cachés que des Dieux ont repeints,
Voici que vient ici l' un des princes d'Orange,
Dans un de ses fiefs, à Villebois les Pins.

VIOLÈS (Vaucluse)

C'est en des temps lointains que Guillaume des Baux
Va devenir son prince. Il partage sa terre
Avec Charles d'Anjou. Le terroir unitaire
Vient plus tard compléter ses fiefs inégaux.

Puis une baronnie et des seigneurs nouveaux,
Pierre, Hector et David en font leur pied-à-terre.
Un prince d'autre part, nouveau destinataire,
Sans la principauté, fera d'autres travaux.

Sous des cieux en azur où la vie irradie,
Profitez-en. Le bleu vous fait sa mélodie.
Dès le printemps venu, les beaux jours font florès.

La nature offre en plus son superbe vignoble,
Ses vins tout en couleurs et leur aspect si noble
Quand on pourrait crier : vivons à Violès.

LES MILIEUX NATURELS

FRUITS ET LÉGUMES

Parcourez ces endroits où vous mènent vos pas
Et goutez le meilleur de cette agriculture.
Les oliviers noueux que le mistral torture,
Les tomates, melons, vous tendent leurs appas.

Un petit coin de Drôme soupire tout là-bas.
La lavande et le thym y tracent leur peinture.
Le pays provençal vers ces lieux s'aventure.
Dégustez avec lui de succulents repas.

Arrêtez-vous un jour, arrêtez-vous une heure.
Respirez le terroir dès qu'une plante affleure.
Le pays sait s'offrir en superbe cadeau.

Outre son ciel chantant, ses monuments posthumes,
Notre principauté donne dans un rondeau
Son soleil, son ciel bleu, ses fruits et ses légumes.

LA DRÔME PROVENÇALE

Ici le vent souvent vient semer la discorde,
Violent, en fureur, faisant son dur métier.
L'eau peut aussi sévir d'un élan tout entier
Lorsque l'automne est là, que le ruisseau déborde.

Pourtant Maitre Soleil adore la concorde.
Il aime à réunir le plus petit sentier
À la vigne présente, au moindre arbre fruitier,
Tant de verts horizons que la nature aborde.

Puis voici le pays. On rêve de l'été,
Lui si souvent présent dans la principauté
D'Orange où Dieu se fit comme une succursale

Et l'on en oublierait la terre et tous ses maux,
Les bourrasques d'enfer, leurs dégâts maximaux,
Dans cet endroit béni : la Drôme provençale.

LA MEYNE ET SES MAYRES

La rivière s'en va visiter la cité.
Ses mayres, ses ruisseaux traversent des prairies,
Elle suit des maisons, leurs rives aguerries,
Dans un parcours heureux, parfois précipité.

Ses imposants voisins ont quelquefois hanté
La ville et ses abords, causant des avaries,
Parfois un peu jaloux de ses berges fleuries,
Aigues et Rhône ayant leur propre fierté.

S'écoulant lentement, ou parlant avec rage,
Empruntant des terrains que le courant saccage,
Elle aura tout connu de la principauté.

Par les jours pluvieux, quand le ciel la dérange
Tel un lourd animal, traversant la cité,
Admirez le cours d'eau, la Meyne dans Orange.

LA RIVIÈRE EN COLÈRE

Sous un ciel orageux, les eaux sont en folie,
Prêtes à déferler, à déployer la peur,
Sous les flots de l'Ouvèze et de l'Aigues en fureur
Avec leurs affluents qu'un même sort relie.

Les sols sont détrempés ; la terre, ensevelie,
Est à présent vaincue et les fruits du labeur
Gisent anéantis. Un courant plein d'ardeur
Dévaste les maisons et dépose sa lie.

On l'avait oubliée avec son ciel serein,
Cette bête infernale aux mains dévastatrices,
Elle qui va fournir de tristes cicatrices

Car sans fin la voilà, forte comme l'airain,
Renforçant sans arrêt son cours qui s'accélère,
Ce monstre resurgi, la rivière en colère.

LE CLIMAT MÉDITERRANÉN

Très souvent le mistral déchaine sa colère.
Pendant des jours on sent comme un souffle infernal,
Écrivant son refrain, son horrible journal.
On imaginerait presque un courant polaire.

Sous des cieux différents, un chaud caniculaire
Fait darder ses rayons. Seul le ciel matinal
Apporte sa fraicheur. Parfois un vieux canal
Passe sans état d'âme au cœur de la galère.

Pourtant depuis toujours, le monde aime à venir
Pour prendre une photo, ce petit souvenir,
Une once de bonheur sans cesse resservie.

La météo déploie un brûlant bulletin
Dans cet heureux terroir que chacun nous envie,
Cet attirant climat méditerranéen.

LE MISTRAL

Le monstre est droit, debout, dissimulant sa mine,
Défiant le vieux Rhône à l'immense parcours.
Le guerrier déchaîné mord tous les alentours,
Le sol et les maisons, l'espace qu'il domine.

Ennemi des vivants, aussi de la vermine,
Il va son long chemin parmi champs et labours.
Le géant invisible exhale ses discours
Tandis que la Provence attend qu'il se termine.

Ici, cet élément est souvent redouté
Par les grands froids d'hiver, surtout les jours d'été
Lorsque le feu brutal s'en vient jusqu'aux persiennes.

Sous son souffle infini, sous ses assauts nerveux,
Le voilà qui défait visages et cheveux.
En un mot comme en cent, le mistral fait des siennes.

LE RHÔNE ET SA VALLÉE

Le fleuve en majesté fait défiler ses flots
Boueux, étincelants, dans la nature verte.
Ses nombreux riverains refont la découverte
D'un vieux monstre en colère et ses mille complots.

Voilà des siècles qu'il plonge dans le chaos
Les pays alentours. La terre est recouverte
D'un frais limon et l'eau semble s'être entrouverte
Sous les coups d'un démon déployant ses longs crocs.

Mais Orange, aujourd'hui, sait mater les fredaines,
Les longs rugissements et les humeurs soudaines,
Les vils débordements de l'animal dompté.

On revoit tout à coup la fureur en allée,
Les frasques d'autrefois quand la principauté
Subissaient le courroux du Rhône et sa vallée.

LES ALPES DU SUD

Par-dessus les rochers, le sol reste sauvage.
Ici vers Montbrison, Curnier ou Condorcet,
L'été se fait très chaud et, comme un chacun sait,
Des animaux, sans bruit, façonnent leur ouvrage.

Caché dans le pays, on découvre un village
Un hameau, des maisons, au détour d'un lacet,
Suze-la -Rousse avec Montségur et Bouchet,
Anciens fiefs d'Orange au cours d'un lointain âge.

Alors, souvenons-nous, pensons à lui souvent,
Ce lieu qui partagea la lumière et le vent,
Ce farouche pays où chaque excès sature.

Le soleil et la terre, dans un suprême but,
Font briller leurs couleurs et l'on voit la nature
Montrer son âpreté dans les Alpes du Sud.

LES COLLINES D'ORANGE

Maubuisson, Lampourdier cachent des animaux ;
On aperçoit de loin leur minuscule crête
Et la montagne, ici, se montre plus discrète
Lorsque le soleil broie arbres, feuilles, rameaux.

La reine Saint-Eutrope a fait couler des mots
Et le passé s'y fond quand l'Histoire décrète
Les choses à montrer de façon indiscrète,
Ces beautés, ces splendeurs, témoins de tant de maux.

Veillant de leur hauteur sur la ville ou la vigne,
Se riant quelquefois du petit fait indigne,
La nature a le son d'un monde désarmant.

En des lieux plutôt plats, la montagne dérange
Quand on distingue ainsi, loin d'un point culminant,
Quelques petits sommets, les collines d'Orange.

LES DENTELLES DE MONTMIRAIL

On aperçoit au loin une étrange montagne,
Un massif pas très long à l'aspect dénudé,
Cette blanche couleur que la pierre a gardé,
De rochers dans les airs que l'azur accompagne.

Le pic de Saint-Amand, tel un mât de cocagne,
Couronne le pays. Le sol s'est attardé
À dessiner un arc avec un procédé
Qu'on imagine loin de la verte campagne.

Mais aujourd'hui l'on voit passer le randonneur,
L'amateur d'escalade ou bien le promeneur,
Remplissant leurs regards d'images immortelles

Et l'on se dit alors qu'il restera toujours,
Tout au fond de nos cœurs, tant de superbes jours,
Lorsqu'ainsi Montmirail nous offre ses dentelles.

LES MONUMENTS

LA CHAPELLE SAINT-BLAISE (Bollène)

Là-haut sur les hauteurs, on devine, de loin,
De vieux murs restaurés dessus une colline ;
Leur souvenir évoque une église orpheline,
Des travaux défensifs au curieux dessin.

L'art roman provençal trace ici son chemin
Malgré l'envahisseur et sa fureur encline
À dévaster. Pourtant l'attrait du lieu décline
Et l'abandon est là pour sceller son destin.

Promeneurs, randonneurs, ignorent son histoire
En croisant l'édifice et son passé notoire
Où les fantômes d'hier passent furtivement

Puis, quand tombe la nuit, lorsque le soir s'apaise,
On aime à regarder l'important monument
Debout dessous le ciel, la chapelle Saint-Blaise.

L'ABBAYE DE BOUCHET (Bouchet)

Sur place on aperçoit quelques vieux murs rustiques
Venus du Moyen Age et ces anciens locaux
Appellent le passant vers des lieux monacaux
D'où montèrent longtemps les chants et les cantiques.

On imagine aussi de durs moments tragiques,
La guerre de Cent Ans, ses maraudeurs locaux.
L'Histoire a transporté des aspects cléricaux
Même si le présent n'offre que des reliques.

On repense à ces jours où régnait la ferveur
Dans ce passé lointain que parcourt le rêveur,
Devant chaque prieure et Bertrand de Garrigues

Avec ses bâtiments et son ancien cachet,
Comme un très vieux témoin aux étranges intrigues,
Elle est toujours debout, l'abbaye de Bouchet.

LE CHATEAU DE CAUSANS (Jonquières)

Tiburgette d'orange à la gloire éternelle
Vient d'épouser, ce jour, Adhémar de Morvieux
Au renom éclatant. De lourds murs radieux
Font savoir leur bonheur comme une ritournelle.

Bien plus tard s'en viendront la terreur criminelle
Et les guerres sans fin des hommes et des cieux.
L'endroit est dévasté ; pendant longtemps, ces lieux
Regretteront les feux dedans chaque prunelle.

L'édifice saura conserver son aspect,
Son antique splendeur à la gloire promise,
Défiant de tous temps le regard circonspect

Et, de nouveaux seigneurs, Sébastien de Laurens,
Guillaume de Nassau, imprégnant leur mainmise
Feront briller le nom du château de Causans.

LE CHATEAU DE DERBOUX (Mondragon)

Le village est plus loin, près des sentiers romains.
Mondragon la voisine entend la multitude
Des êtres voyageurs. Ici, le sol est rude
À l'écart du passage et des vastes chemins.

Le passé s'est fondu dans de vieux parchemins.
Le temps s'en va très vite et sa vicissitude
Délaisse les vieux mots. Le quotidien dénude
Tant de murs écroulés sous les armes, les mains.

Car à présent l'Histoire ignore la muraille,
Le lieu désert. Parfois un animal tressaille,
Un lézard, un oiseau sur un triste éperon

Et, perché, revoyant son éternelle terre,
Il songe quelquefois à son dernier baron,
Lui l'antique château de Derboux, solitaire.

LE CHÂTEAU DE MONTSÉGUR (Montségur)

Montségur-sur-Lauzon se souvient des années
Où les princes d'Orange œuvraient à son destin.
Les ruines du château, son vieux passé lointain,
Se rappellent aussi de bien d'autres menées.

On revoit d'anciens murs d'époques surannées,
De temps obscurs. On pense à cet âge incertain,
Moyenâgeux. Refuge ou simplement fortin,
Le bâtiment a vu d'étranges hyménées.

C'est ainsi qu'il parait qu'une âme erre en ces lieux
Antiques. Des soupirs et des sons curieux
S'élèvent lentement au cœur d'étranges ombres.

Lucie de Pracomtal, le cœur tout éperdu,
Cherche, dans chaque ruine et dans tous les coins sombres,
Le tendre souvenir de son amour perdu.

LE CHÂTEAU DE SUZE-LA-ROUSSE (Suze-la-Rousse)

L'imposant édifice arbore sa splendeur
Depuis longtemps. Ici, comme un air de jeunesse
Semble narguer les jours. On aime que renaisse
Cette époque des Baux au souffle novateur.

L'allure militaire, une austère froideur,
Ont dominé ces lieux avant qu'un jour ne naisse
Le faste d'une époque et toute la finesse
De générations au génie inventeur.

Si le temps prend plaisir à venir tout détruire,
Transportant avec lui la fureur, le délire,
Des splendeurs du passé se laissent toujours voir.

Le fringant bâtiment que rien vraiment n'émousse
Domine le pays au fertile terroir,
Lui, l'imposant château gardant Suze-la-Rousse.

L'ÉGLISE SAINT-FLORENT (Orange)

D'anciens religieux, des moines franciscains,
Ont bâti ces vieux murs. Une église sacrée,
Souvent plus d'une fois, dessous sa nef dorée,
A vu les vils soudards, les saints et les coquins.

Des évêques d'antan jusqu'aux Républicains,
Austérité, rigueur, ont subi la marée
Des gredins, des croyants. L'histoire accélérée
Revoit dans ses vieux corps tous les maux des faquins

De la caserne, la prison et même l'écurie
Ayant subi l'humain, la haine et l'incurie.
Elle reste l'honneur d'un être différent.

Écoutez en ces temps l'âme de l'édifice.
Entendez-la toujours chanter le Saint Office
Dans ce joyau discret, l'église Saint Florent.

LES ARÊNES D'ORANGE (Orange)

Des arches, une piste et pas même un gradin.
L'édifice est petit. Une piste de sable
Recouvre tout le sol. Juste l'indispensable.
Pas de décor fringant. L'ensemble est anodin.

On peut imaginer un brouhaha soudain,
Quelques gladiateurs, le combat inlassable
Des héros de ce jour. Pourtant le responsable,
Le vainqueur est le temps, déployant son dédain.

De nouveaux ans, avec le Moyen Âge,
Sont venus. Un château veut écrire sa page
Pour les futurs seigneurs qui règneront demain.

Les murs lourds sont détruits, toute une époque change,
Délaissant le passé du vieux monde romain
Et les vestiges morts des arènes d'Orange.

LES REMPARTS DE COURTHÉZON (Courthézon)

Des marches, une tour, un village, une porte,
Un passé que l'humain autrefois a bâti ;
On voit avec plaisir un heureux démenti
À ces maux éternels que la vieillesse apporte.

Des princes oubliés que l'Histoire colporte,
Les Baux et les Chalon, les Nassau, les Conti,
Ont possédé ces lieux ; chaque mur abouti
Regarde son passé, l'époque qu'il transporte.

Aujourd'hui le passant pressé, sur son chemin,
Pourrait juste envoyer, d'un signe de la main,
Le tout petit salut d'une âme fraternelle

Quand parfois dans la nuit, parmi des bruits épars,
On perçoit un chanteur avec sa ritournelle :
Rimbaut refait son chant au cœur de ses remparts.

SAINT-ANDRÉ-DE RAMIÈRES (Gigondas)

Après les longs tourments que la nature étale,
L'ordre religieux a quitté Prébayon.
Les cours d'eaux en colère et les flots du Trignon
Ont saccagé les murs dans leur fureur fatale.

En un siècle agité, le souverain installe
Son pouvoir en ces lieux. La domination
D'un prince d'Orange apporte un nouveau nom
À cet endroit semant une ferveur totale.

Aujourd'hui les témoins du passage du temps
Ont disparu ; des mots, restes inconsistants,
Reparlent aux humains de choses coutumières.

Seul un vieux puits antique évoque les Chartreux
Quand les siècles ont mis leurs effets désastreux
En ces lieux écartés, Saint-André de Ramières.

LES PERSONNAGES

ANNE-MARGUERITE

Tant de visage sont, sur d'anciennes images,
Très souvent masculins. Déployant ses émaux,
Anne-Marguerite aux doux charmes optimaux,
Saura prendre sa place au milieu des hommages.

Une religion, parmi de longs carnages,
La vie aventurière et le gout des grands mots
Vont forger son destin. Fuyant de nombreux maux,
La voilà se plaisant à montrer ses ramages.

Juste pour quelques-uns, reste un gai souvenir
Que le temps destructeur se plait à dégarnir
Face au passé lointain que plus rien ne dérange.

Dans un siècle changeant, aimant à louvoyer,
On évoque parfois le séjour dans Orange
De celle qu'on nomma Madame Dunoyer.

BERTRAND PREMIER DES BAUX

Voici le descendant d'une illustre famille,
Lui qui va devenir un des grands souverains,
Régnant sur sa contrée en des temps peu sereins
Où l'empereur romain germanique scintille.

Le voilà cependant, tel un soleil qui brille,
Dans sa principauté parmi les mandarins
Locaux ; il se débat parmi ses suzerains
Au cœur d'un Moyen Âge où l'incertain fourmille.

On ne sait pas très bien la date de la mort
D'un être empli de gloire au long passé qui dort,
Installant chaque jour tout un nouveau système

Et le prince d'Orange, porteur de ses flambeaux
Va nous laisser son nom, tel un superbe emblème,
Lui le nouveau seigneur, Bertrand Premier des baux.

BERTRAND DE GARRIGUES

L'homme a vécu ses jours en fondant des couvents.
Montpellier, Avignon revoient ses monastères,
Paris avec Toulouse ses actes volontaires,
Avec d'autres renoms de ces hommes fervents.

Associant l'ardeur des croyants, des savants,
L'être apporte la foi dans de longs ministères.
Par ses profonds discours, ses exemples austères,
Il va laisser son nom pour les siècles suivants.

À Bouchet, bien plus tard, finit son existence
Quand vient la mort d'un Frère à la vie pure et dense
Sans les honneurs fringants, inutiles surplus,

Quand s'en vont les héros, les hommes et leurs ligues,
Au bout de leur destin et qu'il ne reste plus
Que le simple tombeau de Bertrand de Garrigues.

CATHERINE-AMÉLIE

Les siècles ont formé comme un bain de jouvence
Entre nous mais le temps qui poursuit son chemin
Nous éloigne parfois. Nous pensons à demain,
À vos ancêtres d'hier quand le futur s'avance.

Notre principauté, dans ses jours de mouvance
Garde le souvenir des jours bleus. L'examen
De nos vieux monuments, tout un passé romain,
Ne sauraient affaiblir nos ans de connivence.

Nous en sommes certains, nos deux destins communs,
Comme deux grands jardins qui mêlent leurs parfums,
Sauront s'illuminer d'un chaleureux échange,

Quand nous vous recevrons dedans notre cité,
Catherine-Amélie, avec simplicité,
Vous, reine d'un pays et princesse d'Orange.

ÉTIENNE DE VESC

Sénéchal de Beaucaire et de ses vigueries,
Serviteur de trois rois et seigneur tout-puissant,
L'homme a déjà reçu, tout juste adolescent,
Les honneurs et la gloire avec ses armoiries.

Mais voici la Provence avec ses seigneuries,
Ses villages brillant et son superbe accent.
Caromb la belle est là pour l'être s'avançant,
Fleurant les bons endroits et ses maisons fleuries.

Des domaines nouveaux, pour services rendus,
Sont offerts au seigneur, un peu comme des dus
Qu'un suzerain nouveau avec bonheur engrange.

Suzette, son terroir, Chateauneuf-Redortier,
Sont les possessions d'un personnage entier,
Etienne de Vesc, nouveau vassal d'Orange.

FRÉDÉRIC BARBEROUSSE

L'homme est intelligent. L'ambition brutale,
L'ordre et la gloire sont ses atouts, ses défauts.
Courage avec talent font des jours triomphaux.
Un Empire puissant prend ses marques, s'installe.

Habile dans les mots, dans l'attaque frontale,
L'être se trouve aussi parfois en porte-à-faux,
Face à ses détracteurs, véritables ou faux
Et l'empereur mourra dans une fin fatale.

Un jour déjà lointain, l'homme est présent ici,
Sous la Provence en bleu. Pour lui dire merci,
Le voici promulguant une nouvelle pousse

Quand Frédéric Premier, d'un geste conforté,
Ce brillant empereur appelé Barberousse
Fait élever Orange à la principauté.

FRÉDÉRIC MISTRAL

Un prince courageux va franchir des barrières
Pour retrouver la Nymphe aux superbes fleurons.
Avec Maitre Arpian, sans seigneurs et barons,
Il découvre l'Anglore aux brillantes lumières.

Mais le Rhône est sans cœur, se moquant des prières.
Il engloutit les gens, bateaux et avirons :
Quelques pépites d'or, là, dans les environs,
Se souviennent des eaux aux fureurs carnassières.

Le fier prince d'Orange est retrouvé noyé
Avec sa Dulcinée et ses trésors sublimes,
Cerné par tout le mal qu'un fleuve a déployé.

C'est ainsi que revit, dans les mots et les rimes,
Un chef d'œuvre éternel dont le héros central
Sort de l'esprit fécond de Frédéric Mistral.

GUILLAUME LE TACITURNE

L'homme est présent, debout, créant les territoires
Des futurs Pays-Bas, affinant son combat
Avec les Espagnols. Son courage s'abat
Pour chasser l'ennemi, tout en proie aux déboires.

Proche de Charles-Quint et de ses trajectoires,
Le voilà maintenant qui lutte et se débat
Tel un libérateur. L'être sans fin se bat
Contre Philippe Deux aux ambitions noires.

Comme souvent, la haine a préparé ses traits,
Ses coups les plus tordus et ses pièges secrets.
La fin sournoise est là, même pour les notables

Et c'est ainsi que meurt l'homme au puissant faisceau,
Le prince taciturne aux défis indomptables,
Ce seigneur tout-puissant, Guillaume de Nassau.

LA TULIPE NOIRE

La Hollande traverse un passage équivoque
Et Guillaume d'Orange est appelé soudain
Par un peuple en révolte. Un homme et son jardin
Ont construit un projet qui peut sembler loufoque.

La récompense est là, superbe pour l'époque :
Mille florins sont loin du cadeau anodin.
Si l'ennemi s'en vient, l'amour, éternel baladin,
Aime à dire son mot lorsque quelqu'un l'évoque.

L'affaire est singulière et l'homme est courageux
Car le voilà l'objet d'incroyables enjeux
Et l'on rêve devant la curieuse histoire.

Cornelius von Baerle a mis tout son talent
Dans ses travaux : suivant un coup de cœur brulant,
Lui veut juste créer une tulipe noire.

LES PRINCESSES D'ORANGE

De Tiburge à Marie et d'autres souveraines,
En passant par Anna, par Jeanne de Bourbon.
On revoit un visage, on entend un prénom
Et de lointaines voix comme autant de sirènes.

Sophie et Amélie aussi sont les marraines
De la principauté. L'honneur, d'une façon
S'en revient à la femme et d'Aix, de Mévouillon,
D'ici, de l'étranger, les voici comme reines.

Dans les siècles qui vont, prêts à tout dévaster,
Quelques noms féminins s'apprêtent à rester
Quand le sexe dit fort aime ce qui l'arrange.

S'effaçant très souvent sous le roi masculin,
Les désirs d'un seigneur, la loi d'un chatelain,
Voyez passer sans bruit les princesses d'Orange.

ANNEXES

PRINCIPAUTÉ D'ORANGE (Délimitation)

D'une superficie d'environ 180km2, la principauté occupait un territoire de forme allongée d'environ 19 km de long sur 15 km de large, orienté d'ouest en est du Rhône aux Dentelles de Montmirail.

Elle comportait aussi des enclaves en Dauphiné (actuellement départements de la Drôme et des Hautes-Alpes)

Elle comprenait les communautés d'habitants suivantes :

- Buchet (Du XII me au XIV me siècle seulement) ;
- Causans (Aujourd'hui partie de Jonquières) ;
- Chateauneuf-de-Redortier (Aujourd'hui partie de Suzette)
- Condorcet (Enclave en Dauphiné) ;
- Courthézon ;
- Garnier (Enclave en Dauphiné) :
- Derboux (Aujourd'hui partie de Mondragon) ;
- Gigondas ;
- Jonquières ;
- Montbrison (Enclave de la Principauté d'Orange jouxtant le Comtat venaissin) ;
- Montmirail ;
- Montréal-les-Sources (Enclave en Dauphiné) ;
- Montségur (Jusqu'à son rattachement au Comté de Grignan de Provence) ;
- Orange ;
- Pierre (Enclave en Dauphiné) ;
- Saint-Blaise (Aujourd'hui dépendant de Bollène ; il y subsiste un donjon ruiné et une chapelle romane) ;
- Sèze-la-Rousse ;
- Suzette ;
- Saint-André-de-Ramière (Aujourd'hui partie de Gigondas) ;
- Tescléoux ;
- Vilette (Du XII me au XVI me siècle, date à laquelle elle fut annexée par le Dauphiné) ;
- Villebois-les-Pins (Enclave en Dauphiné où en 1256, il y avait un hommage du seigneur Guillaume des Baux, Prince d'Orange, au sénéchal de Provence.) ;
- Violès.

LISTE DES PRINCES D'ORANGE
(Maison des Baux)

N	Nom	Naissance	Prince d' Orange	Mort	Princesse
1	Bertrand 1er Des Baux	1110 / 1115	1173	1180	Thiburge II D'Orange
2	Guillaume 1er	1155	1180	1218	1Ermengarde de Mévouillon 2Alix
3	Guillaume II		1180	1239	Précieuse
4	Raymond Ier		1239	1282	Malberjone d'Aix
5	Bertrand II		1282	1314	Eléonore de Genève
6	Raymond II		1314	1340	Anne de Viennois
7	Raymond III		1340	1393	1Constance De Trian 2 Jeanne de Genève
8	Marie des Baux		1393	1417	Jean I er

LISTE DES PRINCES D'ORANGE
(Maison de Chalon-Arlay)

N°	Nom	Naissance	Prince d'Orange	Mort	Princesse
	Jean 1er de Chalon		1393	1418	Marie des Baux
	Louis 1er	1390	1417	1463	1 Jeanne de Montbéliard 2 Eléonore D'Armagnac 3 Blanche des Gamaches
	Guillaume II		1463	1475	Catherine de Bretagne
2	Jean II	1443	1475	1502	1 Jeanne de Bourbon 2 Philiberte de Luxembourg
3	Philibert	1502	1502	1530	Non marié

LISTE DES PRINCES D'ORANGE
(Maison d'Orange-Nassau)

N°	Nom	Naissance	Prince d'Orange	Mort	Princesse
14	René de Chalon	1519	1530	1544	Anne de Lorraine
15	Prince Guillaume I er d'Orange-Nassau	1533	1544	1584	1 Anna van Egmond 2 Anne De Saxe 3 Charlotte de Bourbon 4 Louise de Coligny
16	Prince Philippe-Guillaume	1554	1584	1618	Eléonore de Bourbon
17	Prince Maurice	1567	1618	1625	Non marié
18	Prince Frédéric-Henri	1584	1625	1647	Amélie de Solms-Braunfels
19	Prince Guillaume II	1626	1647	1650	Marie Henriette Stuart
20	Prince Guillaume III	1650	1650	1702	Marie II D'Angleterrre

LISTE DES PRINCES D'ORANGE
(Maison d'Orange-Nassau, Titres de noblesse personnelle)

Nom	Naissance	Prince d'Orange	Mort	Princesse
Jean-Guillaume, Friso de Nassau	1687	1702	1711	Lundgravine Marie-Louise De Hesse-Kassel
Prince Guillaume IV	1711	1711	1751	Anne princesse royale
Prince Guillaume V	1748	1751	1806	Princesse Wilhelmine de Prusse
Guillaume VI D'Orange-Nassau	1772	1806	1840	Wilhelmine de Prusse

LISTE DES PRINCES D'ORANGE
(Maison d'Orange-Nassau,
(Titre royal pour le prince héritier)

N°	Nom	Naissance	Prince d'Orange	Mort	Princesse
25	Guillaume des Pays-Bas	1792	1815	1849	Grande duchesse Anna Pavlona de Russie
26	Guillaume des Pays-Bas	1817	1840	1890	Princesse Sophie De Wurtemberg
27	Prince Guillaume Des Pays-Bas	1840	1849	1879	Non marié
28	Alexandre des Pays-Bas	1851	1879	1884	Non marié
29	Guillaume-Alexandre Des Pays-Bas	1967	1980		
30	Catarina-Amalia Des Pays-Bas	2003			

RÉCAPITULATIF DES POEMES

Les lieux — P11
Bouchet — P12
Causans — P13
Chateauneuf-Redortier — P14
Condorcet — P15
Courthézon — P16
Curnier — P17
Derboux — P18
Gigondas — P19
Jonquières — P20
Montbrison-sur-le-Lez — P21
Montmirail — P22
Montréal-les-Sources — P23
Montségur-sur-Lauzon — P24
Orange — P25
Orpierre — P26
Saint-André-de-Ramières — P27
Saint-Blaise — P28
Suze-la-Rousse — P29
Suzette — P30
Trescléoux — P31
Tulette — P32
Villebois-les-Pins — P33
Violès — P34
LesMilieux naturels — P35
Fruits et légumes — P36
La Drôme provençale — P37
La Meyne et ses mayres — P38
La rivière en colère — P39
Le climat méditerraéen — P40
Le mistral — P41

Le Rhône et sa vallée	P42
Les Alpes du Sud	P43
Les collines d'Orange	P44
Les dentelles de Montmirail	P45
Les monuments	P46
La chapelle Saint-Blaise	P47
L'abbaye de Bouchet	P48
Le château de Causans	P49
Le château de Derboux	P50
Le château de Monségur	P51
Le château de Suze la Rousse	P52
L'église Saint-Florent	P53
Les arènes d'Orange	P54
Les remparts de Courthézon	P55
Saint-André-de-Ramières	P56
Les personnages	P57
Anne -Marguerite	P58
Bertrand Premier	P59
Bertrand des Garrigues	P60
Catherine-Amélie	P61
Étienne de Vesc	P62
Frédéric Barberousse	P63
Frédéric Mistral	P64
Guillaume le Taciturne	P65
La Tulipe noire	P66
Les princesses d'Orange	P67
Annexes	P68
Délimitations	P69
Princes d'Orange (Maison des Baux)	P70
Princes d'Orange (Maison de Charlon-Arlay)	P71
Princes d'Orange (Maison d'Orange-Nassau)	P72
Princes d'Orange (Titres de noblesse personnelle)	P73
Princes d'Orange (Titres pour le prince héritier)	P74

Imprimé en France par Lulu.com
Dépôt légal : aout 2019

www.ingramcontent.com/pod-product-compliance
Lightning Source LLC
Chambersburg PA
CBHW071407040426
42444CB00009B/2139